Easy Fry & Grill

HEEL Verlag GmbH
Gut Pottscheidt
53639 Königswinter
Tel.: 02223 9230-0
Fax: 02223 9230-13
E-Mail: info@heel-verlag.de
www.heel-verlag.de

6. Auflage 2025
In Zusammenarbeit mit Tefal

Autorin: Antje Watermann
Projektleitung/Lektorat: Ulrike Reihn-Hamburger
Gestaltung: Christine Mertens
Fotos: Jo Kirchherr, Köln, www.jokirchherr.com
Foodstyling: Petra Blank
© Adobe Stock: silberkorn73, Fischer Food Design, karandaev

CO_2 neutral und unter Verwendung FSC®-zertifizierten Materials gedruckt

Printed in Czech Republic

ISBN: 978-3-96664-505-8

Antje Watermann

HEISSLUFT FRITTEUSE

Easy Fry & Grill

Frittieren, Rösten,
Grillen, Backen

HEEL

INHALT

HEISS UND KNUSPRIG!

Heiß und fettig? Von wegen! Hier wird es heiß und knusprig! Genau, wie wir es lieben!

In der zirkulierenden heißen Luft der Easy Fry & Grill gelingen Pommes, Chicken Wings & Co. mit einem Minimum an Fett – und so um ein Vielfaches gesünder.

Doch die Heißluftfritteuse kann so viel mehr: Frittieren, Rösten, Backen, Dörren – Ihre Easy Fry & Grill ist ein echter Allrounder. Selbstgemachte Pommes frites – na klar! Aber auch Fleischbällchen, Putenschnitzel, Garnelen oder Kabeljau gelingen auf den Punkt. Dörren Sie Apfelchips doch einmal selbst oder backen Sie Muffins, Donuts oder Crème brûlée ab sofort in Ihrer Heißluftfritteuse. Denn sie kann nicht nur alles, was ein Backofen kann, durch die Heißluft-Technologie ist sie sogar deutlich schneller und bis zu 70 % energiesparender!

Und dank des neuen, innovativen Grillgitters kann die Easy Fry & Grill jetzt sogar Grillen! Einfach das Grillgitter in die Easy Fry & Grill einlegen und kurz vorwärmen, damit das Gitter auf Temperatur ist, wenn Sie das Grillgut einlegen. So gelingen Schweinelendchen, Chicken Wings oder auch Zucchini-Schiffchen einfach perfekt – intuitiv geführt durch die einstellbaren Programme.

Wir wünschen guten Appetit!

WISSENSWERTES RUND UM IHRE Easy Fry & Grill

Vorteile

- 99 % weniger Fettzugabe im Vergleich zu herkömmlichen Fritteusen – in vielen Fällen kann auf die Fettzugabe komplett verzichtet werden
- Vitamine bleiben weitgehend erhalten, da die Zubereitung durch die zirkulierende heiße Luft überaus schonend ist
- Kein Spritzen, keine üblen Gerüche, kein Altfett
- Alle Teile, die mit Lebensmitteln in Berührung kommen, können einfach in der Spülmaschine gereinigt werden
- Das einzigartige Grillgitter der Easy Fry & Grill ermöglicht auch das Grillen und verleiht dem Grillgut nicht nur die typischen Grillstreifen, sondern auch die damit einhergehenden Röstaromen
- Mit der Heißluftfritteuse bis zu 70 % Energiekosten sparen, da sie im Vergleich zu Backöfen nicht lange vorheizen muss und daher deutlich schneller und energieeffizienter ist.

Tipps

- Für eine gleichmäßige Zubereitung, Pommes & Co. nach etwa der Hälfte der Garzeit einmal kurz schütteln. Die Schüssel der Easy Fry & Grill dabei nur am Griff anfassen, die Schüssel kann während der Zubereitung und kurze Zeit danach sehr heiß werden. Sie können auch zunächst die halbe Garzeit einstellen, beim Signalton schütteln und dann noch einmal die gleiche Gardauer einstellen.
- Für eine kurze Garzeit stellen Sie den Timer zunächst auf 10 Minuten und regeln dann zurück auf die gewünschte Zeit.
- Für die Zubereitung eines Kuchens oder einer Quiche können Sie eine Auflaufform aus Silikon, Edelstahl, Aluminium oder Terrakotta in die Schüssel der Easy Fry & Grill stellen.

Easy Fry & Grill
Tefal
SPARE BIS ZU
70%
ENERGIE*
mit Heißluftfritteusen von
Tefal
* vs. herkömmlichen Backöfen mit Energieklasse A.
Im Jahr 2022 durchgeführte Tests mit tiefgefrorenen Pommes frites.

POMMES FRITES EINFACH SELBSTGEMACHT

Die Easy Fry & Grill eignet sich optimal für die Zubereitung tiefgekühlter Pommes frites. Die optimale Füllmenge liegt bei etwa 700 g. Da die TK-Stäbchen bereits Öl enthalten, muss kein zusätzliches hinzugefügt werden.

1 700 g festkochende Kartoffeln nach Belieben schälen und in etwa 1 cm dicke Stäbchen schneiden. Die Kartoffel-Stäbchen eine halbe Stunde in kaltem Wasser einweichen, dann sehr gründlich abspülen bis das Wasser klar bleibt, also alle Stärke abgespült ist. Denn diese lässt die Pommes matschig werden.

2 Die Pommes nun vorsichtig, aber gründlich abtrocknen. Dann mit 1 EL Öl mischen – vorsichtig, damit die Stäbchen nicht brechen.

3 Die Pommes mit den Fingern in die Schüssel der Easy Fry & Grill geben, überschüssiges Öl zurückbehalten.

4 Etwa 25 Min. bei 180 °C (**Einstellung Modus POMMES**) frittieren, nach der Hälfte der Garzeit einmal schütteln. Die Garzeit evtl. um einige Minuten verlängern, bis die Pommes den gewünschten Gargrad erreicht haben.

Noch besser
schmeckt's
nur selbst-
gemacht!

ACHTUNG
Walnussöl eignet sich eher nicht, da ein ranziger Geschmack entstehen kann.

ABWECHSLUNG DURCH ÖLE

Selbstverständlich eignet sich nicht nur reines Sonnenblumenöl. Geben Sie Ihren Gerichten ein raffiniertes Extra und sorgen Sie durch die Verwendung verschiedener Öle für Abwechslung. Achten Sie lediglich darauf, dass die Öle vom Hersteller als Bratöl gekennzeichnet sind und ohne Qualitätsverlust erhitzt werden dürfen. Durch die äußerst geringe Menge eignen sich auch höherpreisige Öle sehr gut für die Zubereitung in der Heißluftfritteuse.

Reine Öle

- Sonnenblumenöl
- Olivenöl
- Rapsöl
- Traubenkernöl
- Kokosöl
- Maisöl
- Erdnussöl
- Sojaöl
- Avocadoöl
- Haselnussöl
- Sesamöl
- Distelöl
- Mandelöl

Aromatisierte oder Kräuteröle

- Chiliöl
- Knoblauchöl
- Zitronenöl

Gemüse-
klassiker

KARTOFFELN MIT SPECKFÜLLUNG

PORTIONEN	VORBEREITUNGSZEIT	GARZEIT
4	10 Minuten	30–50 Minuten

Zutaten

4 mittelgroße Kartoffeln

1 mittelgroße Zwiebel

1 EL Olivenöl

6 Scheiben Bacon

1 ½ TL Paprika, edelsüß

Salz und Pfeffer, nach Belieben

100 g Cheddar, gerieben

1 Die Grillplatte in die Easy Fry & Grill oder die Easy Fry Oven & Grill einsetzen und diese 10 Minuten auf 200 °C (**Einstellung Modus GRILL**) vorheizen. Die Kartoffeln säubern und mit einem kleinen Messer mehrmals rundherum einstechen, dann bei 200 °C (**Einstellung Modus GRILL**) 30 Minuten backen. Zwischendurch die Kartoffeln im Korb schütteln.

2 Während die Kartoffeln garen die Zwiebeln schälen, längs halbieren und in dünne Streifen schneiden. Den Bacon ebenfalls in Streifen schneiden. Beide Zutaten in einer heißen Pfanne in etwas Öl goldbraun anbraten und mit Paprikapulver würzen.

3 Den Garpunkt der Kartoffeln nach der Garzeit prüfen und je nach Dicke der Kartoffel die Garzeit um einige Minuten verlängern. Anschließend die Kartoffeln an einer Seite längs aufschneiden, sodass die Kartoffeln nicht durchgeschnitten sind, sich aber gut befüllen lassen, und nach Belieben mit Salz und Pfeffer würzen. Die Kartoffeln mit der Zwiebel-Bacon-Mischung befüllen, mit Käse bestreuen und in der Easy Fry & Grill oder der Easy Fry Oven & Grill 6 Minuten überbacken.

TIPP

Die überbackenen Kartoffeln mit einem Klecks Sourcream servieren.

SÜSSKARTOFFEL-POMMES MIT SELBSTGEMACHTEM DIP

PORTIONEN	VORBEREITUNGSZEIT	GARZEIT
4	10 Minuten	15–20 Minuten

1 Die Süßkartoffeln schälen und in dünne Spalten schneiden.

2 Das Öl mit Salz, Chilipulver, Pfeffer, Piment d'Espelette und Kräutern der Provence verrühren und die Mischung mit den Kartoffelspalten vermischen. Je nach Fassungsvermögen der Easy Fry & Grill oder der Easy Fry Oven & Grill zuerst die Hälfte der Kartoffeln je nach Dicke bei 200 °C (**Einstellung Modus POMMES**) ca. 15–20 Minuten frittieren. Zwischendurch die Pommes in der Schale durchschütteln. Anschließend warmhalten und die andere Hälfte der Süßkartoffelpommes ebenfalls frittieren.

3 Für den Dip die Mayonnaise mit dem Joghurt vermischen. Den Knoblauch schälen und pressen oder fein hacken und unter den Dip mischen. Nach Belieben mit Salz und Pfeffer sowie Limettensaft und Schnittlauchröllchen würzen.

Zutaten

1 kg Süßkartoffeln

1 ½ EL Olivenöl

1 TL Salz

1 Msp. Chilipulver

½ TL Pfeffer

½ TL Piment d'Espelette (geräuchertes Parikapulver)

1 TL Kräuter der Provence

Für den Dip

100 g Mayonnaise

100 g griechischer Joghurt

1 Knoblauchzehe

1 TL Limettensaft

1 TL frischer Schnittlauch

Salz und Pfeffer, nach Belieben

GEMÜSE-MIX ALL'ITALIANO

PORTIONEN	VORBEREITUNGSZEIT	GARZEIT
3	10 Minuten	15 Minuten

1 Das Grillgitter in die Easy Fry & Grill oder die Easy Fry Oven & Grill einsetzen und diese auf 200 °C (**Einstellung Modus GRILL**) vorheizen.

2 Die Zwiebel schälen und in Ringe schneiden. Die Aubergine, die Zucchini und die Paprika vom Strunk befreien, die Paprika entkernen und alles in 1 cm dicke Scheiben schneiden. Die Tomaten halbieren.

3 Das Olivenöl mit Salz, Oregano, Essig und Weißwein verrühren und diese Mischung in einer Schüssel mit dem Gemüse vermischen.

4 Die Gemüsemischung in der Easy Fry & Grill oder der Easy Fry Oven & Grill bei 200 °C (**Einstellung Modus GRILL**) 15 Minuten garen.

Zutaten

1 Zwiebel

1 Aubergine

1 Zucchini

2 mittelgroße rote Spitzpaprika

10 Cherrytomaten

2 EL Olivenöl

½ TL Salz

1 TL Oregano, getrocknet

½ EL weißer Balsamicoessig

2 EL Weißwein, alternativ Gemüsebrühe

TIPP

Mit frischem Baguette servieren.

CHAMPIGNONS IN KNOBLAUCH-MARINADE

PORTIONEN	VORBEREITUNGSZEIT	GARZEIT
2	10 Minuten	10 Minuten

1 Die Grillplatte in die Easy Fry & Grill oder die Easy Fry Oven & Grill einsetzen und diese auf 200 °C (**Einstellung Modus GRILL**) vorheizen.

2 Die Champignons putzen, vom Strunk befreien und halbieren. Die Knoblauchzehen schälen und fein hacken. Beide Zutaten mit Öl und Worcestershiresauce vermischen und mit Salz und Pfeffer würzen.

3 Die Champignons bei 200 °C (**Einstellung Modus GRILL**) 8–10 Minuten garen.

4 In der Zwischenzeit die Petersilie fein hacken und vor dem Servieren über die Champignons streuen.

Zutaten

400 g Champignons

2 Knoblauchzehen

1 Handvoll frische Petersilie

2 EL Olivenöl

2 EL Worcestershiresauce

Salz und Pfeffer, nach Belieben

Vegetarisches

BROKKOLI-KÄSE-AUFLAUF

PORTIONEN
4

VORBEREITUNGSZEIT
10 Minuten

BACKZEIT
20–25 Minuten

1 Die Backform mit etwas Öl einfetten.

2 Den Brokkoli putzen und in Röschen schneiden. Diese in die Auflaufform verteilen.

3 Die Eier verquirlen und mit der Sahne, dem Schmand und dem Gouda vermischen. Die Mischung mit Salz, Pfeffer und Muskat würzen und gleichmäßig über die Brokkoliröschen verteilen.

4 Den Auflauf in der Easy Fry & Grill oder der Easy Fry Oven & Grill bei 180 °C (**Einstellung Modus GEMÜSE**) 20–25 Minuten backen. Nach 5 Minuten Backzeit überprüfen, dass der Auflauf nicht zu dunkel wird, ggf. mit Alufolie abdecken, damit der Käse nicht verbrennt.

Zutaten

für eine Auflauf- oder Backform, Ø 18 cm/1 l

150–180 g Brokkoli, geputzt

4 Eier, Größe M

100 g Sahne

50 g Schmand

70 g Gouda, gerieben

Salz und Pfeffer, nach Belieben

1 Msp. Muskatnuss

neutrales Öl für die Form

FALAFEL

PORTIONEN	VORBEREITUNGSZEIT	GARZEIT
4	15 Minuten	12–15 Minuten

1 Die Kichererbsen gut abtropfen lassen und mithilfe eines Stabmixers oder Mixers mit Zwiebel, Knoblauch, Mehl und Backpulver zerkleinern.

2 Den Koriander und die Petersilie abzupfen und fein hacken und unter die Kichererbsen-Masse mischen. Diese mit Kreuzkümmel, Salz, Pfeffer, Chilipulver und Zitronensaft würzen. Jeweils aus 1 Esslöffel der Masse gleichgroße Bällchen formen.

3 Die Bällchen mit etwas Öl einfetten und in den Korb der Easy Fry & Grill oder der Easy Fry Oven & Grill legen. Dabei darauf achten, dass zwischen den Bällchen etwas Raum frei bleibt. Die Bällchen bei 180 °C (**Einstellung Modus FRITTIEREN**) 12–15 Minuten garen. Zwischendurch die Bällchen schütteln. Den Vorgang ggf. wiederholen, bis alle Bällchen gebraten sind.

Zutaten

450 g Kichererbsen, aus dem Glas

1 Zwiebel

1 Knoblauchzehe, nach Belieben mehr

3 TL Mehl

½ TL Backpulver

15 Stiele frischer Koriander

10 Stiele frische Petersilie

1 TL Kreuzkümmel, gemahlen

1 TL Salz

Pfeffer, nach Belieben

1 Msp. Chilipulver

1 EL Zitronensaft

TEIGTASCHEN MIT FETA

PORTIONEN	VORBEREITUNGSZEIT	GARZEIT
4	15 Minuten	8 Minuten

Zutaten

1 Zwiebel

1 Handvoll frische Petersilie

1 Rolle Blätterteig

2 EL Olivenöl

1 Eigelb, Größe M

100 g Fetakäse

1 Die Easy Fry & Grill oder die Easy Fry Oven & Grill auf 200 °C vorheizen.

2 Die Zwiebel schälen und zusammen mit der Petersilie fein hacken.

3 Den Blätterteig ausrollen und in gleich große Quadrate schneiden.

4 Nun das Eigelb verquirlen und mit der Zwiebel, der Petersilie und dem Fetakäse vermischen. Die Mischung mittig auf die Quadrate verteilen und zu Dreiecken zusammenklappen. Die Seiten mit einer Gabel fest andrücken und die Teigtaschen in den Korb der Easy Fry & Grill oder der Easy Fry Oven & Grill legen. Darauf achten, dass zwischen den Teigtaschen noch Platz zum Aufgehen frei ist.

5 Die Teigtaschen bei 200 °C **(Einstellung Modus DESSERT)** 8 Minuten garen. Den Vorgang wiederholen, bis alle Teigtaschen gebacken sind.

KNUSPRIGER SPARGEL MIT VEGANER SAUCE

PORTIONEN	VORBEREITUNGSZEIT	GARZEIT
2	5 Minuten	4 Minuten

1 Die Grillplatte in die Easy Fry & Grill oder die Easy Fry Oven & Grill einsetzen und diese auf 200 °C vorheizen

2 Die Spargelstangen waschen und an den Enden etwa 1 cm abschneiden. Die geputzten Spargelstangen mit Olivenöl, Salz und Pfeffer vermischen.

3 Die Spargelstangen in den Korb legen und je nach Dicke 4 Minuten garen (**Einstellung Modus GEMÜSE**).

4 Für die Sauce den Knoblauch schälen, fein hacken und in einer heißen Pfanne im Sesamöl andünsten. Unter ständigem Rühren das Mehl einrühren und 1 Minute anrösten. Anschließend die Mandelmilch unterrühren und mit Salz, Pfeffer und Kurkuma würzen. Die Sauce weiterrühren und so lange köcheln lassen, bis sie eine dickflüssige Konsistenz erreicht hat, dann mit dem Spargel servieren.

Zutaten

1 EL Olivenöl
500 g grüner Spargel
½ TL Pfeffer
½ TL Salz

Für die Sauce

1 Knoblauchzehe
1 EL Sesamöl
½ EL Mehl
120 ml Mandelmilch
½ TL Kurkuma
1 Msp. Salz
1 Msp. Pfeffer

Fleischgerichte

ORIENTALISCHE FLEISCHBÄLLCHEN

PORTIONEN	VORBEREITUNGSZEIT	GARZEIT
4	15 Minuten	ca. 20 Minuten

Zutaten

1 Zwiebel

2 Knoblauchzehen

1 Handvoll Koriander, frisch, alternativ Petersilie

500 g Rinderhackfleisch, alternativ Geflügel-

1 TL Oregano, getrocknet

½ TL Basilikum, getrocknet

20 g Semmelbrösel

1 Ei, Größe M

½ TL Chiliflocken

¾ TL Salz

1 EL Ras el-Hanout

50 g Pecorino Romano, gerieben

1 EL Olivenöl

Für die Sauce

1 Handvoll Minzblätter, frisch

200 g griechischer Joghurt

¼ TL Salz

2 EL Limettensaft

Pfeffer, nach Belieben

1 Für die Sauce die Minzblätter fein hacken und mit dem Joghurt und dem Limettensaft vermischen. Die Sauce nach Belieben mit Pfeffer würzen und etwas ziehen lassen.

2 Die Grillplatte in die Easy Fry & Grill oder die Easy Fry Oven & Grill (**Einstellung Modus GRILL**) einsetzen und auf 180 °C vorheizen.

3 Die Zwiebel und den Knoblauch schälen und zusammen mit dem Koriander fein hacken.

4 Mit dem Hackfleisch, dem Oregano, dem Basilikum, den Semmelbröseln, dem Ei, den Chiliflocken, dem Salz, dem Ras el-Hanout und dem Pecorino gut vermischen und anschließend zu kleinen Bällchen einheitlicher Größe formen. Den Korb etwas mit Olivenöl einpinseln und die Fleischbällchen darin verteilen. Der Korb sollte nicht zu voll sein, zwischen den Bällchen sollte etwas Abstand bleiben. Die Bällchen bei 180 °C (**Einstellung Modus GRILL**) 10 Minuten garen. Den Vorgang ggf. wiederholen, bis alle Bällchen gebraten sind.

ZUCCHINI-SCHIFFCHEN MIT HACKFÜLLUNG

PORTIONEN	VORBEREITUNGSZEIT	GARZEIT
2	10 Minuten	15 Minuten

1 Die Zucchini waschen, vom Strunk befreien, jeweils längs halbieren und mit einem Löffel entkernen. Die Zucchinihälften nach Belieben etwas salzen.

2 Die Zwiebel und die Knoblauchzehe schälen, fein hacken und mit dem Hackfleisch vermischen. Die Tomaten vierteln und zu der Hackfleischmischung dazugeben, mit Oregano, Salz und Pfeffer würzen.

3 Die Easy Fry & Grill oder die Easy Fry Oven & Grill auf 180 °C vorheizen.

4 Die Hack-Mischung in die Zucchinihälften geben. Den Korb der Easy Fry & Grill mit etwas Olivenöl einpinseln, die Zucchinihälften hineinlegen und bei 180 °C (**Einstellung Modus GRILL**) 10 Minuten garen. Nach der Garzeit die Zucchini mit dem geriebenen Käse bestreuen und je nach Größe der Zucchini weitere 5 Minuten garen.

Zutaten

2 mittelgroße Zucchini

1 Zwiebel

1 Knoblauchzehe

200 g Hackfleisch, gemischt

10 Cocktail-Tomaten

1 EL Oregano, getrocknet

Salz und Pfeffer, nach Belieben

1 EL Olivenöl

100 g Gouda

TIPP
Zum Servieren etwas Balsamico-Creme über das Fleisch geben und mit etwas gehobeltem Parmesan bestreut servieren.

MARINIERTE SCHWEINELENDEN

PORTIONEN	VORBEREITUNGSZEIT	MARINIERZEIT	GARZEIT
4	10 Minuten	1 Stunde	15 Minuten

1 Die Zwiebel und den Knoblauch schälen und zusammen mit dem Rosmarin fein hacken. Mit der Sojasauce, dem Balsamicoessig, dem braunen Zucker, Zitronensaft, Salz, Kreuzkümmel und Pfeffer in einen großen verschließbaren Beutel geben. Die Mischung gut durchschütteln. Das Fleisch in Medaillons schneiden und in den Beutel hineingeben. Das Fleisch darin mindestens 1 Stunde marinieren lassen.

2 In der Zwischenzeit die Bohnen waschen und die Enden abschneiden. In einem Topf reichlich Salzwasser zum Kochen bringen und darin die Bohnen etwa 10 Minuten garen. Anschließend abgießen und in Eiswasser abschrecken, damit sie die schöne grüne Farbe behalten. Die Bohnen zu 8 gleichen Päckchen zusammenlegen und diese jeweils in der Mitte mit einer Scheibe Bacon umwickeln.

3 Die Grillplatte in die Easy Fry & Grill oder die Easy Fry Oven & Grill einsetzen und auf 200 °C vorheizen.

4 Die Speckbohnen-Päckchen rundherum mit etwas Öl einreiben und bei 200 °C (**Einstellung Modus GRILL**) 5 Minuten grillen. Die Päckchen zwischendurch im Korb vorsichtig durchschütteln. Die gegrillten Päckchen anschließend warmhalten.

5 Die marinierten Filetstücke in den Korb der Fritteuse legen und 15 Minuten bei 200 °C (**Einstellung Modus GRILL**) garen.

Zutaten

- 1 kleine Zwiebel
- 1 Knoblauchzehe
- 1 TL Rosmarin, frisch
- 2 EL Sojasauce
- 3 EL Balsamicoessig, dunkel
- 2 EL brauner Zucker
- 1 TL Zitronensaft
- 1 TL Salz
- 1 Msp. Kreuzkümmel
- 1 ½ TL schwarzer Pfeffer
- 1 Schweinefilet, ca. 800 g
- 400 g grüne Bohnen
- 8 Scheiben Bacon
- 1 EL Pflanzenöl

Nach der Hälfte der Zeit die Medaillons einmal wenden. Die Garzeit kann je nach Dicke des Filets variieren, ggf. die Garzeit um einige Minuten verlängern.

6 Die Filetstücke mit den Grüne-Bohnen-Päckchen servieren.

ENTENBRUST MIT FEIGE

PORTIONEN	VORBEREITUNGSZEIT	GARZEIT
2	10 Minuten	21 Minuten

1 In einem Topf den Granatapfel- und Zitronensaft mit dem Zucker zum Kochen bringen und auf niedriger Stufe ca. 25 Minuten köcheln lassen, bis sich die Flüssigkeit reduziert hat und dickflüssig geworden ist.

2 Die Grillplatte in die Easy Fry & Grill oder die Easy Fry Oven & Grill einsetzen und auf 200 °C vorheizen. Die Grillplatte mit etwas Öl einpinseln.

3 Die Entenbrüste mit einem Papiertuch abtrocknen und mit einem Messer ein Rautenmuster in die Haut schneiden. Dabei nicht das Entenfleisch verletzen. Die Brüste beidseitig großzügig mit Salz und Pfeffer einreiben und mit der Hautseite nach unten in den Korb legen. Das Fleisch bei 200 °C (**Einstellung Modus GRILL**) 10 Minuten lang garen, umdrehen und weitere 5 Minuten garen.
Die Brüste erneut umdrehen und 1 Minute knusprig garen. Anschließend das Fleisch herausnehmen.

4 Die Feigen waschen und halbieren. Die Feigenhälften mit Öl beträufeln, nach Belieben mit Salz und Pfeffer würzen und in der Easy Fry & Grill 5 Minuten garen.

5 Zum Servieren die gebratenen Entenbrüste mit der Granatapfelsauce übergießen und mit den gerösteten Feigen garnieren.

Zutaten

300 ml Granatapfelsaft

2 EL Zitronensaft

3 EL brauner Zucker

2 Entenbrüste ohne Knochen, ca. 500 g

6 Feigen, frisch

1 EL neutrales Öl

Salz und Pfeffer, nach Belieben

Geflügel

PUTENSCHNITZEL MIT PAPRIKASAUCE

PORTIONEN	VORBEREITUNGSZEIT	GARZEIT
2	10 Minuten	15 Minuten

1 Die Putenbrüste jeweils zwischen Frischhaltefolie legen und mit dem Nudelholz flachdrücken.

2 Für die „Panierstraße" die Eier in einem Teller verquirlen und mit Knoblauchpulver, Salz und Pfeffer würzen. Das Mehl und die Brösel ebenfalls jeweils in einen tiefen Teller geben. Die Putenbrüste zuerst im Mehl, dann im Ei und schließlich in den Bröseln wenden.

3 Die Easy Fry & Grill oder Easy Fry Oven & Grill auf 180 °C vorheizen und den Korb mit etwas Öl einpinseln.

4 Die panierten Putenschnitzel in den Korb legen und bei 180 °C (**Einstellung Modus HÄHNCHEN**) 15 Minuten garen. Nach der Hälfte der Garzeit, das Fleisch einmal wenden.

5 Für die Sauce währenddessen die Zwiebel schälen, halbieren und in Scheiben schneiden. Die Paprikaschoten entkernen und in dünne Spalten schneiden. Das Olivenöl in einer großen Pfanne bei mittlerer Hitze erwärmen und die Zwiebel und die Paprika goldbraun anbraten. Die Gemüsemischung mit dem Wein ablöschen, die Brühe und die Tomaten hinzufügen und zum Kochen bringen. Die Sauce auf mittlerer Stufe köcheln lassen, bis sie leicht eindickt, dann mit Salz, Pfeffer und Zucker abschmecken. Die Schnitzel mit der heißen Sauce servieren.

Zutaten

2 Putenbrustfilets

2 Eier, Größe M

1 Msp. Knoblauchpulver

Salz und Pfeffer, nach Belieben

100 g Mehl

100 g Paniermehl

Für die Paprikasauce

1 Zwiebel

1 grüne Paprikaschote

1 rote Paprikaschote

2 EL Olivenöl

100 ml Rotwein

150 ml Hühnerbrühe

425 g stückige Tomaten (Dose)

brauner Zucker, nach Belieben

Salz und Pfeffer, nach Belieben

EXOTISCHE HÄHNCHEN-UNTERSCHENKEL MIT KOKOS

PORTIONEN	VORBEREITUNGSZEIT	GARZEIT
2	10 Minuten	20 Minuten

1 Die Easy Fry & Grill oder den Easy Fry Oven & Grill auf 200 °C vorheizen und den Korb mit etwas Öl einpinseln.

2 In einer Schüssel das Currypulver mit Mango-Chutney, Salz und Pfeffer vermischen und damit die Hähnchenunterschenkel gleichmäßig einstreichen. Anschließend die Schenkel in den Kokosraspeln wälzen und in den gefetteten Korb legen.

3 Die panierten Hähnchenschenkel bei 200 °C (**Einstellung Modus HÄHNCHEN**) 20 Minuten garen, nach der Hälfte der Garzeit einmal wenden. Je nach Dicke der Schenkel kann die Garzeit variieren, deshalb nach der Garzeit den Garpunkt prüfen und die Garzeit gegebenenfalls um einige Minuten verlängern.

Zutaten

4 Hähnchenunterschenkel, alternativ 2 Hähnchenschenkel

1 EL Currypulver

4 EL Mango-Chutney

100 g Kokosraspel

Salz und Pfeffer, nach Belieben

ÜBERBACKENES HÄHNCHEN IN TARANTELLA-SAUCE

PORTIONEN	VORBEREITUNGSZEIT	GARZEIT
2	10 Minuten	12 Minuten

1 Für die Tarantella-Sauce die Zwiebel und den Knoblauch schälen und fein hacken. In einer heißen Pfanne mit Öl goldbraun andünsten und mit den Tomaten ablöschen. Die Sauce mit Oregano und nach Belieben mit Salz und Chiliflocken würzen und auf mittlerer Stufe köcheln lassen, bis sie leicht andickt.

2 Die Hähnchenfilets nach Belieben mit Salz und Pfeffer würzen. Die Eier in einem Teller verquirlen, das Paniermehl auf einen separaten Teller geben. Die Filets zuerst im Ei und dann im Paniermehl wälzen.

3 Die panierten Filets mit etwas Öl einfetten und im Korb der Easy Fry & Grill oder des Easy Fry Oven & Grill bei 180 °C (**Einstellung Modus HÄHNCHEN**) 8 Minuten garen. Anschließend die Filets wenden, mit der Tarantella-Sauce bestreichen und mit dem Parmesan bestreuen. Die Mozzarellascheiben darauflegen und die Filets weitere 5 Minuten überbacken. Die überbackenen Hähnchenfilets mit der restlichen Tarantella-Sauce servieren.

Für die Sauce

1 kleine Zwiebel

1 Knoblauchzehe

1 EL Olivenöl

250 g stückige Tomaten (Dose)

1 EL Oregano, getrocknet

Salz und Chiliflocken, nach Belieben

Für die Filets

2 Hähnchenfilets

Salz und Pfeffer, nach Belieben

2 Eier, Größe M

100 g Paniermehl

2 EL Parmesan, gerieben

2 Scheiben Mozzarella

2 EL Marinara-Sauce

HÄHNCHEN IM BACON-MANTEL

PORTIONEN	VORBEREITUNGSZEIT	GARZEIT
2–3	10 Minuten	12 Minuten

1 Die Grillplatte in die Easy Fry & Grill oder die Easy Fry Oven & Grill einlegen, etwas mit Öl einpinseln und auf 180 °C (**Einstellung Modus GRILL**) vorheizen.

2 Die Hähnchenbrüste jeweils schräg in 7 gleiche Streifen schneiden und die Bacon-Scheiben längs halbieren. Die Hähnchenstreifen jeweils mit einer Speckscheibe umwickeln, rundherum mit der Barbecue-Sauce bestreichen und mit etwas Zucker bestreuen. Die Hähnchen so in den Korb legen, dass das lose Bacon-Ende unten liegt.

3 Die Hähnchenstreifen nun bei 180 °C (**Einstellung Modus GRILL**) 6 Minuten garen. Danach einmal wenden und weitere 6 Minuten garen. Je nach Dicke der Streifen kann die Garzeit variieren, daher den Garpunkt prüfen und gegebenenfalls die Garzeit um einige Minuten verlängern.

Zutaten

2 Hähnchenbrüste
200 g Bacon, in Scheiben
100 g Barbecue-Sauce
2 EL brauner Zucker

Fisch

GLASIERTE KABELJAUFILETS

PORTIONEN	VORBEREITUNGSZEIT	GARZEIT
4	5 Minuten	10 Minuten

Für den Gurkensalat

1 Gurke

1 Handvoll frischen Dill

100 ml Sahne

Salz und Pfeffer, nach Belieben

1 EL weißer Balsamicoessig

1 Prise Zucker

Für den Fisch

100 ml Pflanzenöl

Salz und Pfeffer, nach Belieben

1 TL Mirin (süßer Reiswein)

2 EL Honig

1 EL Teriyaki-Sauce

1 EL Zitronensaft

1 TL Basilikum, getrocknet

4 Kabeljaufilets

Zitronensalz, nach Belieben

1 Für den Salat die Gurke schälen, entkernen und in dünne Scheiben hobeln oder schneiden. ½ TL Dillspitzen als Garnitur beiseitelegen, die restlichen Dillspitzen mit der Sahne verrühren. Die Sauce mit Salz, Pfeffer, Balsamicoessig und Zucker würzen und die Gurkenscheiben untermischen.

2 Die Easy Fry & Grill oder die Easy Fry Oven & Grill auf 180 °C vorheizen.

3 Für die Glasur Öl, Salz, Pfeffer, Mirin, Honig, Teriyaki-Sauce, Zitronensaft und Basilikum gut verrühren und den Fisch damit rundherum bestreichen.

4 Den Fisch in den Korb legen und bei 180 °C (**Einstellung Modus FISCH**) 10 Minuten garen. Mit den übrigen Dillspitzen und nach Belieben mit Zitronensalz bestreuen.

TIPP

Dazu passt eine Limettenmayonnaise!

GARNELEN IN WÜRZIGER MARINADE

PORTIONEN	VORBEREITUNGSZEIT	MARINIERZEIT	GARZEIT
2	5 Minuten	1 Stunde	6 Minuten

1 Die Knoblauchzehen schälen und zusammen mit der Petersilie fein hacken.

2 Beide Zutaten mit Zitronensaft, Paprikapulver, Oregano, Öl, Zwiebelpulver, Salz und Chiliflocken verrühren. Die Garnelen hinzugeben, gut mit der Marinade vermischen und abgedeckt 1 Stunde im Kühlschrank ziehen lassen.

3 Nach der Marinierzeit den Korb mit etwas Öl einfetten und die Garnelen darin verteilen. Diese nun in der Easy Fry & Grill oder der Easy Fry Oven & Grill bei 180 °C (**Einstellung Modus FISCH**) 6 Minuten garen, dabei einmal wenden.

Zutaten

2 Knoblauchzehen

1 Handvoll Petersilie

2 EL Zitronensaft

½ TL Paprikapulver

½ TL Oregano, getrocknet

2 EL Sesamöl

1 TL Zwiebelpulver

½ TL Meersalz

Chiliflocken, nach Belieben

250 g TK-Garnelen, aufgetaut

TIPP

Die Garnelen mit einem gemischten Salat servieren.

AMERIKANISCHE FISCHNUGGETS

PORTIONEN	VORBEREITUNGSZEIT	GARZEIT
4	20 Minuten	15 Minuten

1 Die Easy Fry & Grill oder die Easy Fry Oven & Grill auf 200 °C vorheizen.

2 Die Fischfilets waschen, trocken tupfen, in Stücke schneiden und mit Salz und Pfeffer würzen.

3 In einer Schüssel die Eier verquirlen und mit dem Zitronensaft und der Mayonnaise vermischen. In einer separaten Schüssel Semmelbrösel, Paprikapulver, Dill und Knoblauchpulver mischen.

4 Die Fischfiletstücke zuerst in der Eimasse und dann in den gewürzten Semmelbröseln wälzen. Die panierten Fischfiletstücke anschließend mit Öl bestreichen und in den Korb legen. Je nach Fassungsvermögen des Korbes die Fischfiletstücke in zwei Durchgängen bei 200 °C (**Einstellung Modus FISCH**) 14–16 Minuten garen. Während der Garzeit die Stücke jeweils einmal vorsichtig umdrehen.

Zutaten

500 g Kabeljaufilet

Salz und Pfeffer, nach Belieben

2 Eier, Größe M

Saft von 1 Zitrone

4 EL Mayonnaise

225 g Semmelbrösel

1 TL Paprikapulver

1 TL Dill, getrocknet

1 EL Knoblauchpulver

Pflanzenöl zum Bestreichen

TIPP

Dazu eine Limettenmayonnaise servieren.

THUNFISCHSTEAKS

PORTIONEN	VORBEREITUNGSZEIT	MARINIERZEIT	GARZEIT
2	5 Minuten	20–30 Minuten	5 Minuten

1 Sojasauce, Ingwer, Honig, Essig und Öl in einer Schüssel verrühren. Die Thunfischsteaks in die Schüssel legen und abgedeckt 20–30 Minuten im Kühlschrank marinieren lassen.

2 Die Easy Fry & Grill oder die Easy Fry Oven & Grill auf 180 °C (**Einstellung Modus FISCH**) 15 Minuten vorheizen.

3 Den Reis nach Packungsanweisung kochen und warmhalten.

4 Für die Salsa die Zwiebel und den Knoblauch schälen und fein hacken. Die Tomate vom Strunk-Ansatz befreien und in kleine Würfel schneiden. Bei der Gurke nach Belieben die Schale entfernen oder so belassen. Die Gurke mit einem Löffel entkernen und ebenfalls in kleine Würfel schneiden. Die Avocado entkernen, schälen und in Würfel schneiden. Die Zutaten mit dem Limettensaft und dem Koriander vermischen und mit Salz und Pfeffer abschmecken.

5 Die Innenseite des Korbes mit perforiertem Pergamentpapier auskleiden und darin die marinierten Thunfischsteaks nebeneinanderlegen. Diese bei 180 °C (**Einstellung Modus FISCH**) 5 Minuten garen. Den Fisch vor dem Servieren 1–2 Minuten ruhen lassen und mit der Salsa und dem Reis servieren.

Für die Avocado-Gurken-Salsa

1 kleine rote Zwiebel

1 Knoblauchzehe

1 Tomate

1 kleine oder ½ Gurke

1 Avocado

Saft von 1 Limette

2 EL frischer Koriander, gehackt, alternativ Petersilie

Salz und Pfeffer, nach Belieben

Für den Thunfisch

50 ml Sojasauce

1 TL frischer Ingwer, gerieben

2 TL Honig

½ TL Reisessig

1 TL Sesam- oder Olivenöl

2 Thunfischsteaks ohne Haut

120 g Parboiled Reis, alternativ Basmati

Snacks

CHICKEN WINGS TERIYAKI STYLE

PORTIONEN	VORBEREITUNGSZEIT	MARINIERZEIT	BACKZEIT
4	15 Minuten	20 Minuten	14 Minuten

1 Die Hähnchenflügel in der Mitte durchschneiden, in eine Schüssel legen und mit 115 ml Sojasauce bedecken. 20 Minuten im Kühlschrank ruhen lassen.

2 Die Grillplatte in die Easy Fry & Grill oder die Easy Fry Oven & Grill einsetzen und diese 15 Minuten auf 190 °C (**Einstellung Modus GRILL**) vorheizen.

3 Die Flügel herausnehmen, abtropfen lassen, trocken tupfen und mit Pflanzenöl bestreichen.

4 Die Hähnchenflügel bei 190 °C (**Einstellung Modus GRILL**) 14 Minuten garen. Die Flügel nach der Hälfte der Garzeit wenden.

5 Währenddessen in einem Kochtopf den Zucker mit der restlichen Sojasauce, dem Essig, dem gehackten Ingwer, dem fein gehackten Knoblauch und dem schwarzen Pfeffer verrühren und bei mittlerer Hitze köcheln lassen. Die Stärke im kalten Wasser auflösen und in die Sauce einrühren, unter Rühren weiter köcheln lassen, bis die Sauce eindickt.

6 Die Sauce über die heißen Flügel gießen und mit Sesamkörnern bestreuen.

Zutaten

450 g Hähnchenflügel
115 ml Sojasauce
etwas Pflanzenöl

Für die Sauce

100 g brauner Zucker
115 ml Sojasauce
100 ml Apfelessig
30 g frischer Ingwer
1 Knoblauchzehe
schwarzer Pfeffer
30 g Kartoffel- oder Maisstärke
2 EL kaltes Wasser
1 TL Sesamkörner

CHILI-CHEESE-BÄLLCHEN

PORTIONEN	VORBEREITUNGSZEIT	GARZEIT
4	15 Minuten	15 Minuten

1 Die Kartoffeln schälen, vierteln und etwa 20 Minuten in reichlich Salzwasser kochen. Nach dem Kochen die Kartoffeln zu einem feinen Püree stampfen.

2 Die Zwiebel schälen, fein hacken und in einer Schüssel mit dem Hüttenkäse, dem Parmesan, den Chiliflocken, der Chili, dem Salz, dem Koriander, dem Mehl und dem Kartoffelpüree vermischen.

3 Aus der Mischung gleichgroße Kugeln formen und diese in Semmelbröseln wälzen und mit Pflanzenöl bestreichen. Je nach Fassungsvermögen des Korbes die Kugeln in zwei Durchgängen in der Easy Fry & Grill oder der Easy Fry Oven & Grill bei 180 °C (**Einstellung Modus FRITTIEREN**) 10 Minuten garen.

Zutaten

200 g mehlig kochende Kartoffeln

1 mittelgroße Zwiebel

450 g Hüttenkäse, zerkrümelt

450 g Parmesankäse, gerieben

½ TL rote Chiliflocken

½ rote Chili, fein gehackt, alternativ grün

Salz, nach Belieben

2 EL frischer Koriander, gehackt

225 g Mehl

225 g Semmelbrösel

Pflanzenöl zum Bestreichen

ZWIEBELRINGE

PORTIONEN	VORBEREITUNGSZEIT	GARZEIT
2	20 Minuten	11–15 Minuten

1 Die Gemüsezwiebel schälen und in etwa 1 cm dicke Ringe schneiden.

2 Das Paprikapulver in einer Schüssel mit Mehl und ½ TL Salz vermischen.

3 In einer zweiten Schüssel das Ei verquirlen und mit der Buttermilch und 50 g der Mehlmischung (aus der ersten Schüssel) verrühren.

4 Die Semmelbrösel in einer weiteren Schüssel mit dem Öl und ½ TL Salz vermischen und die Mischung auf zwei Schüsseln aufteilen. Die zweite Schüssel verwenden, wenn die erste zu klebrig wird.

5 Nun die Zwiebelringe mit einem Papiertuch abtrocknen und mit einer Gabel zuerst in die Mehlmischung, dann in die Eier-Buttermilch-Mischung und zuletzt in die Semmelbrösel tauchen.

6 Das Innere des Korbes mit etwas Öl einpinseln und darin die vorbereiteten Zwiebelringe nebeneinanderlegen. Kleinere Ringe können in die größeren gelegt werden. Darauf achten, dass zwischen den einzelnen Ringen etwas Platz bleibt.

7 Die panierten Zwiebelringe in der Easy Fry & Grill oder der Easy Fry Oven & Grill bei 200 °C (**Einstellung Modus POMMES**) 11–15 Minuten garen, bis sie goldbraun und knusprig sind. Nach 6–7 Minuten Garzeit die Ringe mit etwas Öl einpinseln. Ggf. mit den restlichen Zwiebelringen wiederholen.

Zutaten

- 1 Gemüsezwiebel
- 1 TL Paprikapulver
- 100 g Mehl
- 1 TL Salz
- 1 Ei, Größe M
- 120 ml Buttermilch
- 130 g Semmelbrösel
- 2 EL Olivenöl

KLEINE KNOBLAUCH-BRÖTCHEN

PORTIONEN	VORBEREITUNGSZEIT	GEHZEIT	GARZEIT
4	20 Minuten	30 Minuten	30 Minuten

1 Die Hefe mit der Milch, dem Öl und dem Zucker vermischen und 10 Minuten zugedeckt gehen lassen.

2 Das Mehl mit dem Salz und der Hefemischung verkneten, bis ein gleichmäßiger Teig entsteht. Den Teig 30 Minuten zugedeckt an einem warmen Ort gehen lassen.

3 Den Knoblauch schälen und fein hacken. Den gehackten Knoblauch mit Butter, Salz, Paprikapulver, Petersilie und Pfeffer verrühren.

4 Nach der Gehzeit aus dem Teig gleichmäßige kleine Brötchen formen und dabei jeweils ¼ TL von der Butter in die Mitte der Brötchen drücken und mit dem Teig umschließen. Etwas von der Knoblauchbutter zum Einpinseln der Brötchen beiseitestellen.

5 Die Backform mit etwas Butter einfetten und die Brötchen darin verteilen, sodass sie sich gegenseitig berühren. Die Brötchen mit etwas Knoblauchbutter einpinseln, die Backform in die Easy Fry & Grill stellen und bei 180 °C (**Einstellung Modus DESSERT**) 25 Minuten backen. Die Brötchen erneut mit Knoblauchbutter einpinseln und weitere 5 Minuten bei 180 °C (**Einstellung Modus DESSERT**) backen.

Zutaten

für eine Backform, Ø 18 cm

225 ml Milch, lauwarm

1 EL Olivenöl

1 TL Trockenhefe

1 Prise Zucker

350 g Mehl

½ TL Salz

2 Knoblauchzehen

80 g Butter, weich

½ TL Paprikapulver

1 EL frische Petersilie, gehackt

Pfeffer, nach Belieben

Gebäck

BANANEN-HASELNUSS-MUFFINS

PORTIONEN	VORBEREITUNGSZEIT	BACKZEIT
6	15 Minuten	ca. 20 Minuten

1 Butter schmelzen und kurz abkühlen lassen. In einer Schüssel das Ei verquirlen und mit der Butter und dem Honig verrühren.

2 Die Bananen schälen, zerdrücken und zusammen mit Vanilleextrakt, Mehl, Backpulver und Zimt nach und nach der Eimasse hinzugeben und zu einem gleichmäßigen Teig verkneten.

3 Die Haselnüsse und die Schokoladenstückchen ebenfalls unter den Teig mischen und diesen in die Muffinförmchen verteilen.

4 Die Muffins in der Easy Fry & Grill oder der Easy Fry Oven & Grill 20 Minuten bei 180 °C (**Einstellung Modus DESSERT**) backen. Die Muffins abkühlen lassen und anschließend mit Puderzucker bestäuben.

Zutaten

- 1 Ei, Größe M
- 50 g Butter
- 60 ml Honig
- 2 reife Bananen
- ½ TL Vanilleextrakt
- 250 g Mehl
- ½ TL Backpulver
- ½ TL Zimt
- 50 g Haselnüsse, gehackt
- 50 g dunkle Schokoladenstückchen
- Puderzucker zum Bestäuben

außerdem

- 6 Muffinförmchen

Zutaten

225 ml Milch, lauwarm

60 g Zucker

50 g Butter, geschmolzen

675 g Mehl +
für die Arbeitsfläche

2 ½ TL Trockenhefe

1 Ei, Größe L

½ TL Salz

Für die Glasur

100 g Puderzucker

10 ml Vanilleextrakt

60 g Butter, geschmolzen

20–40 ml heißes Wasser

Zuckerstreusel zum
Bestreuen

DONUTS

PORTIONEN	VORBEREITUNGSZEIT	RUHEZEIT	BACKZEIT
14	20 Minuten	40 Minuten	5 Minuten

1 Die lauwarme Milch mit dem Zucker und der geschmolzenen Butter in einer Schüssel verrühren.

2 In einer weiteren Schüssel 450 g Mehl mit der Trockenhefe vermischen. Danach das Ei, das Salz und die Milchmischung unterrühren. Nach und nach auch das restliche Mehl hinzugeben und solange kneten, bis sich der Teig von der Schüssel löst, aber noch klebrig ist, das dauert ca. 5–10 Minuten. Die Schüssel mit Frischhaltefolie abdecken und den Teig an einem warmen Ort 30 Minuten gehen lassen, bis er sich verdoppelt hat.

3 Den Teig auf einer bemehlten Arbeitsfläche ca. 1 cm dick ausrollen. Mit einem runden Ausstecher (ca. 8 cm Ø) Kreise ausstechen und mit einem kleinen Ausstecher (ca. 2,5 cm Ø) in der Mitte Löcher ausstechen.

4 Die Donuts auf geöltes Pergamentpapier legen, mit geölter Frischhaltefolie abdecken und 20–30 Minuten gehen lassen, bis sich das Volumen der Donuts verdoppelt hat.

5 Die Easy Fry & Grill oder die Easy Fry Oven & Grill 15 Minuten auf 180 °C vorheizen und den Korb einfetten.

6 Die geformten Donuts in einer Schicht in den Korb legen und dabei darauf achten, dass sie sich nicht berühren. Die Donuts mit Öl bestreichen und bei 180 °C (**Einstellung Modus FRITTIEREN**) 4–5 Minuten backen. Diesen Vorgang mit den restlichen Donuts wiederholen.

7 Für die Glasur den Puderzucker mit dem Vanilleextrakt und der geschmolzenen Butter verrühren. Nach und nach Esslöffel-weise heißes Wasser einrühren, bis die gewünschte Konsistenz erreicht ist.

8 Die Donuts nach dem Backen auskühlen lassen und mit der Glasur einstreichen, bis sie vollständig überzogen sind. Die Donuts auf ein Gitter legen, nach Belieben mit Zuckerstreuseln verzieren und die Glasur aushärten lassen.

COCOTTE
STAUB

LAVAKUCHEN

PORTIONEN	VORBEREITUNGSZEIT	GARZEIT
6	20 Minuten	8–10 Minuten

1 Die Förmchen mit Öl einpinseln.

2 Die Schokolade in kleine Stücke brechen. Zusammen mit der Butter in einen Topf geben und unter ständigem Rühren auf mittlerer Stufe schmelzen lassen.

3 Die Eier trennen und das Eiweiß steif schlagen. Die glatte Schokoladenmasse mit Mehl, den Eigelben, Zucker und Salz vermischen. Anschließend den Eischnee unterheben und zu einem dickflüssigen, aber noch gießbaren Teig verrühren. Diesen in die vorbereiteten Förmchen verteilen und die Förmchen in den Korb der Heißluftfriteuse stellen.

4 Die Kuchen in der Easy Fry & Grill oder der Easy Fry Oven & Grill bei 200 °C (**Einstellung Modus DESSERT**) 8 Minuten (für einen flüssigen Kern) oder 10 Minuten (für einen festeren Kern) backen. Die gebackenen Kuchen aus dem Korb nehmen und warmhalten. Die restlichen Kuchen genauso zubereiten.

5 Die Kuchen vor dem Servieren mit etwas Puderzucker bestäuben.

Zutaten

250 g Zartbitterschokolade (ca. 60 % Kakaoanteil)

100 g Butter, weich

120 g Mehl

100 g Puderzucker

½ TL Salz

3 Eier, Größe M

neutrales Öl für die Förmchen

Puderzucker zum Bestäuben

außerdem

Soufflé-Backförmchen

TIPP
Mit Himbeeren und Vanilleeis servieren.

CHOCOLATE-ENERGIE-KEKSE

PORTIONEN	VORBEREITUNGSZEIT	GARZEIT
10	15 Minuten	8 Minuten

Zutaten

- 80 g Butter, weich
- 150 g Zucker
- 1 Spritzer Zitronensaft
- 1 TL Vanilleextrakt
- 1 Ei, Größe L
- 50 g Haferflocken
- 225 g Mehl
- ¼ TL Zimt
- ½ TL Backpulver
- ¼ TL Salz
- 120 g Walnüsse, gehackt
- 200 g Zartbitterschokolade, geraspelt

1 Butter und Zucker in einer Schüssel schaumig schlagen, dann Zitronensaft, Vanille und Ei unterrühren. Anschließend Haferflocken, Mehl, Zimt, Backpulver und Salz nach und nach dazugeben und auch die Walnüsse und die Schokolade unterheben.

2 Die Innenseite des Korbs mit Pergamentpapier auslegen. Jeweils 2 EL Teig zu einer Kugel formen und diese, so viele wie passen, mit etwa einem halben cm Abstand in den Korb legen. Mit nassen Händen die Oberseiten etwas plattdrücken und die Cookies in der Easy Fry & Grill oder der Easy Fry Oven & Grill bei 160 °C (**Einstellung Modus DESSERT**) 6–8 Minuten backen. Die Cookies nach dem Backen 5 Minuten im Korb abkühlen lassen, damit sie beim Herausnehmen nicht bröckeln. Den Vorgang mit dem restlichen Teig wiederholen.

Früchte & Desserts

TIPP

Man kann den Teig auch direkt in den gefetteten Korb geben, muss dann aber die Garzeit etwas anpassen

KAISERSCHMARRN

PORTIONEN	VORBEREITUNGSZEIT	GARZEIT
4	15 Minuten	8 Minuten

1 Für das Kompott die Pflaumen abtropfen, dabei 150 ml Flüssigkeit auffangen.

2 In einem Topf den Zucker und den Vanillezucker in 100 ml aufgefangene Flüssigkeit einrühren und mit Zimt, Anis und Pflaumen aufkochen.

3 Die Speisestärke mit den übrigen 50 ml aufgefangener Flüssigkeit glattrühren und in die Pflaumenmischung einrühren. Diese auf mittlerer Stufe köcheln lassen, bis sie eindickt, dann beiseitestellen.

4 Die Easy Fry & Grill oder die Easy Fry Oven & Grill auf 180 °C (**Einstellung Modus DESSERT**) 10 Minuten vorheizen.

5 Die Eier trennen und das Eiweiß mit dem Puderzucker in einer Schüssel steif schlagen. Die Eigelbe mit dem Mehl und der Milch zu einem glatten Teig verrühren. Den Eischnee vorsichtig unter den Teig heben.

6 Eine Backform mit der Butter einfetten und den Teig hineingeben. Die Backform in den Korb stellen und bei 180 °C (**Einstellung Modus DESSERT**) 6–8 Minuten backen, bis er goldbraun und fluffig ist. Den gebackenen Teig mit zwei Gabeln in Stücke reißen, mit Puderzucker bestäuben und mit Pflaumenkompott servieren.

Für das Pflaumenkompott

200 g Pflaumen, aus dem Glas

30 g Zucker

2 Päckchen Vanillezucker

1 Zimtstange

1 Sternanis

1 EL Speisestarke

Für den Kaiserschmarrn

3 Eier, Größe M

80 g Puderzucker + zum Bestäuben

150 g Mehl

250 ml Milch

1 EL Butter

außerdem

Backform, Ø 24 cm

CRÈME BRÛLÉE

PORTIONEN	VORBEREITUNGSZEIT	GARZEIT
4	20 Minuten	25–30 Minuten

Zutaten

200 g Schlagsahne
200 ml Milch
1 Vanilleschote
5 Eigelb, Größe M
75 g Zucker + 1 EL

außerdem

4 ofenfeste Auflaufförmchen

1 Die Schlagsahne und die Milch in einem Topf erwärmen. Die Vanilleschote aufschneiden, das Mark herauskratzen und zusammen mit der Schote in den Topf geben. Unter ständigem Rühren die Milch-Sahne-Mischung aufkochen lassen. Topf vom Herd nehmen und die Vanilleschote entfernen. Die Milch-Sahne-Mischung abkühlen lassen.

2 Die Easy Fry & Grill oder die Easy Fry Oven & Grill auf 160 °C vorheizen.

3 Die Eigelbe in einer Schüssel aufschlagen und 75 g Zucker einrühren, aber nicht zu schaumig schlagen. Langsam die Eigelbmischung in die abgekühlte Milch-Sahne-Mischung einfließen lassen und gleichmäßig unterrühren. Die Masse in die Auflaufförmchen verteilen und die Förmchen in den Korb stellen. Bei der Easy Fry Oven & Grill die Förmchen in eine Auflaufform stellen. Den Korb oder die Auflaufform bis zur halben Höhe der Förmchen mit kochendem Wasser füllen, dann bei 160 °C (**Einstellung Modus DESSERT**) 25–30 Minuten backen.

4 Die Förmchen vorsichtig herausnehmen und bei Raumtemperatur abkühlen lassen, anschließend 1 Stunde im Kühlschrank kaltstellen.

5 Den restlichen Zucker über die Crème brûlée streuen und die Oberfläche mit einem Brenner karamellisieren.

BANANEN-BOUNTY

PORTIONEN	VORBEREITUNGSZEIT	GARZEIT
6	10 Minuten	3 Minuten

1 Die Easy Fry & Grill oder die Easy Fry Oven & Grill auf 200 °C vorheizen.

2 Die Bananen schälen und längs halbieren.

3 In einer kleinen Schüssel Zucker und Zimt mischen.

4 Die Bananenhälften auf Pergamentpapier legen und mit Kokosöl einpinseln. Die Hälften rundherum mit der Zucker-Zimt-Mischung und den Kokosraspeln bestreuen und in der Easy Fry & Grill oder der Easy Fry Oven & Grill bei 200 °C (**Einstellung Modus DESSERT**) 3 Minuten backen.

5 Die Bananen noch warm mit einer Kugel Vanilleeis garniert servieren.

Zutaten

3 reife Bananen
50 g brauner Zucker
½ TL Zimt
20 ml Kokosöl
50 g Kokosraspel
6 Kugeln Vanilleeis

SELBSTGEMACHTE APFELCHIPS

PORTIONEN	VORBEREITUNGSZEIT	BACKZEIT
3	5 Minuten	16 Minuten

Zutaten

3 mittelgroße Äpfel, ungeschält

2 EL Avocado-Öl

100 ml Zitronensaft

1 TL gemahlener Zimt

1 Die Easy Fry & Grill oder die Easy Fry Oven & Grill auf 100 °C vorheizen.

2 Die Äpfel waschen, entkernen und in dünne Scheiben schneiden – nicht schälen.

3 Die Apfelscheiben leicht mit dem Avocado-Öl und dem Zitronensaft beträufeln.

4 Die Scheiben in die Easy Fry & Grill geben und bei 100 °C (**Einstellung Modus DÖRREN**) 16 Minuten trocknen. Zwischendurch ein bis zwei Mal umdrehen, für ein gleichmäßiges Ergebnis. Den Vorgang solange wiederholen, bis alle Apfelscheiben gebacken sind.

5 Zum Schluss die Apfelscheiben mit Zimt bestreuen, abkühlen lassen und in einem luftdichten Behälter aufbewahren.

Saucen & Dips

Bei vielen Rezepten finden sich bereits Vorschläge für Saucen, Salsas oder Dips. Hier folgen einige Klassiker und Varianten, die immer passen und sich schön kombinieren lassen.

AVOCADO-DIP

Zutaten

1 reife Avocado

½ TL Salz

1 TL Zitronensaft

1 EL Dill, gehackt

1 Die Avocado vom Kern befreien und das Fruchtfleisch mit einem Löffel auskratzen. Das Fruchtfleisch zu einer cremigen Masse zerdrücken.

2 Mit Salz, Zitronensaft und Dill würzen und zu einem Dip verrühren.

SÜSS-SAURE SAUCE

Zutaten

1 rote Paprika

1 Karotte

1 Dose Ananas in Stücken, ungezuckert, im eigenen Saft (560 g)

2 EL Speisestärke

6 EL Essig

2 EL Zucker

2 EL Tomatenmark

2 EL Sojasauce

1 EL Sesamöl

1 TL Salz

1 Die Paprika und die Karotte putzen und würfeln. Die Ananasstücke abgießen, den Saft auffangen. Die Speisestärke mit etwas Ananassaft verrühren.

2 Den restlichen Ananassaft mit dem Essig, Zucker, Tomatenmark, der Sojasauce, dem Sesamöl und dem Salz aufkochen. Die Stärke-Mischung einrühren und die Sauce andicken lassen.

3 Paprika, Karotte und Ananasstücke in die Sauce geben und 5–10 Minuten köcheln lassen.

LIMETTEN-AIOLI

Zutaten

3 Eigelb

Saft von 2–3 Limetten

200 ml Traubenkernöl

50 ml Olivenöl

1 Knoblauchzehe

Salz und Pfeffer, nach Belieben

1 Das Eigelb in ein hohes, schmales Gefäß geben. Limettensaft und den gepressten Knoblauch zufügen und mit etwas Pfeffer und Salz würzen.

2 Die Eimasse mit einem Stabmixer aufschlagen und in einem dünnen Strahl langsam das Öl hinzugeben. Verrühren, bis eine dicke Aioli entsteht, den Pürierstab dabei langsam nach oben ziehen. Zum Schluss ggf. noch einmal mit Pfeffer und Salz abschmecken.

TIPP

Damit die Aioli gelingt, sollten alle Zutaten Zimmertemperatur haben.

SCHNELLE ERDNUSSSAUCE

Zutaten

4 EL Erdnussbutter, creamy oder crunchy

150 ml Milch

1 Schuss Sojasauce

1 TL Sambal Oelek

2 TL Honig

Chilipulver, nach Belieben

1 Die Erdnussbutter in einem kleinen Topf erwärmen, bis sie flüssig wird. Dann die Milch einrühren. Unter stetigem Rühren kurz aufköcheln lassen. Dabei Rühren, bis sich die Mischung zu einer glatten Sauce verbunden hat.

2 Den Honig, die Sojasauce und das Sambal Oelek einrühren und die Sauce nach Belieben mit etwas Chili abschmecken.

TIPP

Die Sauce wird zunächst eine zähflüssige Konsistenz annehmen oder sogar ausflocken. Beim langsamen Erhitzen stetig weiterrühren, bis sich eine glatte Sauce bildet. Erst dann die weiteren Zutaten einrühren.

Weitere Empfehlungen für Sie

Die Heißluftfritteuse kann noch viel mehr als nur frittieren à la Pommes, Suppli & Co. Gratins und One Pot Pasta gelingen auch im Handumdrehen. Nina Engels hat eine Vielzahl an familientauglichen Rezepten kreiert, die einem nicht nur das Wasser im Mund zusammenlaufen lassen, sondern auch die gesamte Bandbreite an Möglichkeiten für die Heißluftfritteuse zeigen.

112 Seiten, 188 x 230 mm,
zahlreiche Abbildungen, Flexicover
ISBN: 978-3-96664-131-9
€ 9,99

256 Seiten, 210 x 260 mm,
Hardcover
ISBN 978-3-96664-999-5
€ 19,99

256 Seiten, 210 x 260 mm,
Hardcover
ISBN 978-3-96664-771-7
€ 19,99

80 Seiten, 145 x 190 mm,
Softcover
ISBN 978-3-96664-507-2
€ 9,99